AF607135
AVERSO

JORNADAS NEORROMÁNTICAS

Sebastián Waldo

Número 34 de la Colección **PERVERSA**

Jornadas neorrománticas

Edición al cuidado de Averso Poesía
www.aversopoesia.com

hola@aversopoesia.com

Primera edición: mayo de 2024
ISBN: 978-84-10027-35-0
Depósito Legal: GR 680-2024

Impreso en España - *Printed in Spain*

El papel utilizado para la impresión de este libro está calificado como papel ecológico y procede de bosques gestionados de manera sostenible.

JORNADAS NEORROMÁNTICAS

SEBASTIÁN WALDO

Decadencia

Siguen floreciendo los geranios,
absortos en la inercia de los días.
Inútil descifrar las palabras del viento,
el enigma de la niebla
que envuelve las mañanas de otoño.

Imposible recordar un nombre
en estas horas de sosiego,
imposible contemplar algo más
que la vaga señal de las despedidas,
el balbuceo de labios resignados
a no reconocer su propia voz.

Audacia

El día moribundo se refugia
en las catedrales de la noche,
el viento agita la cabellera de las persianas,
ese viento cegado por tinieblas
que afuera silba sin permiso del silencio.

Otros días

El viento de la nueva estación
silba enloquecido,
olvida el rostro negro de las nubes,
los monótonos espejos de la lluvia,
el aliento gris de las chimeneas.

Las hojas

Hay una verdad oculta
tras las hojas teñidas de sol,
ellas guardan esa luz secreta
que ilumina de pronto las ventanas,
espejos improvisados
donde la tarde se contempla.

Hay una verdad oculta
tras las hojas caídas
que duermen en la eternidad,
que solo cubren los caminos
para volver a grabar las huellas
de aquellos que regresan a casa.

Recelo

Una repentina lluvia resucita
las raíces del huerto abandonado.

La tierra bebe gustosa
de esta copa volcada del cielo.

Charcos por doquier
donde aparecen rostros,
tenues espejos nacidos
de ese pacto milenario
entre la tierra y el agua,
espejos frente a los cuales
las nubes cierran los ojos
por temor a quedar cautivas
al igual que Narciso.

Atardecer

A la sombra de plátanos orientales
se disuelve la tarde,
el rumor de las horas leves.

El atardecer es una luz todavía empeñada
en luchar contra las sombras,
una mirada perdida
en el tumulto de las alamedas,
la silueta de un ave en la lejanía
buscando en vano los confines del cielo.

Expectativa

Te escribo para decirte
que el invierno aún se retrasa
reuniendo la lluvia
en los cántaros de las nubes,
que los días pasan
como barcos a la deriva
y que yo siempre espero
que el silencio me revele
alguno de sus secretos.

Eventualidad

Un día u otro
mis pasos seguirán ese rastro vagabundo
con que el azar nos dirige
hacia los pueblos donde nunca se termina de llegar.

Revelación

Los caminos del verano se iluminan
como los ojos de quien recibe una promesa.

Sabes bien que el estío nace
de las más breves tinieblas,
surge como el salto de un pez
en medio del estero.

Todo se revela de pronto:
unos árboles apuntando al cielo,
el canto negligente de los gallos,
el plácido aroma de las glicinas.

Solo entonces sabemos que existen
la casa, el viejo parrón, el estanque
anunciado por el alarido de los queltehues.

Travesía

Luces de antiguos soles
se extinguen en el cielo.
Nada nuevo ante los ojos
de las nubes,
cuya sombra cubre los caminos
ya transitados de la infancia.

Ya no importan nuestras voces,
sino el silencio de un mensaje indescifrable
que los árboles promulgan
con su coro de hojas desterradas al vacío.

Ya no importa que el día
olvide la oscuridad,
que se desborde el cauce
de los ríos secretos
y se disperse el cardumen de las horas,
pues solo los pasos que persisten
a través de la misma senda
conducen al lugar inesperado.

Nubes

Las nubes son un rebaño triste de rocíos
que en verano se marchan a buscar
el azul más fértil de otros cielos.

Contemplaciones

Tú sabes que tras la colina de los sueños
está el camino que conduce a la verdadera realidad,
que bajo los puentes secretos del día y la noche
el tiempo es un pobre mendigo cuyas manos rebosan
de hojas muertas, caídas del árbol de las épocas.

Tú sabes que tras las ventanas de las casas vacías
la soledad contempla las doradas aves del atardecer,
que bajo los párpados sellados de las sombras
se destilan noches y aguaceros.

Tú sabes que tras estas palabras se esconde
un extraño lenguaje que solo comprenden los astros
y todo lo que brilla como la eternidad,
y que bajo el mismo cielo los sauces sollozan
cuando el sol desciende y la ausencia
vuelve distantes todas las miradas.

Consideración

Eres la imagen que a veces surge
en el espejo de mi tarde,
el eco de pasos que aún recorre
caminos abandonados,
o el canto de gorriones que desaparece
entre monótonos tictaqueos de reloj.

Eres la luz de luciérnagas que acechan
las fauces de la noche,
un tren que se marcha hacia el lugar
donde nunca iremos,
la imagen que algún día
dejará de brillar en el espejo de mi tarde.

La hoja arrancada

La hoja arrancada por el otoño
es el sueño roto del árbol,
es la ceniza dispersa de las horas,
la hebra de cabello que la tierra guarda
en sus oscuros relicarios.

La hoja arrancada es el volantín
reclamado por las manos del viento,
la postal gastada en el baúl de los abuelos
y la palabra de despedida
para aquel que ya nunca veremos.

Fortuna

Hay un horizonte de luces crepusculares
en la comisura fina de tus labios,
un límite donde se aventuran
los besos más osados que el estío te robó.

Mi memoria es un barco extraviado
en el lento oleaje de los años,
y el tiempo un antiguo cielo
cuyo azul no ha cambiado jamás.
Pero tus ojos son el río que trae
la alegría de la nueva estación,
el astro de un sueño de piedra y nieve
en el pueblo de la perdida juventud.

Quietud

Enciende el fuego de la tarde,
descorre el polvoriento
telón de la nostalgia,
y junto a las fatigadas brasas
del día que se extingue,
tendámonos a esperar la primera nube,
la primera gota de lluvia
que la tierra aún no sospechaba.

La carta que me envías

La carta que me envías
es como la despedida de un tren
con rumbo al país sin retorno,
es como una primavera
sin la melancolía estática de los cerezos,
o la tristeza indestructible
de un epitafio para el amigo muerto.

La carta que me envías
es como la pobre esperanza de la hoja marchita
que en vano vuelve a soñar con la rama,
o el último soplo de luz
sobre el umbral ruinoso de la tarde.

La carta que me envías
es como el puente abandonado
a cuya sombra yacen fantasmas de estaciones,
es como el vuelo de nubes que deben
marcharse para siempre del cielo que amaron,
o el recuerdo pálido del sol
en los fríos ventanales del invierno.

La carta que me envías...
...es simplemente un puñado de palabras
donde pronuncias por última vez mi nombre.

Melancolía

Otra vez el río de la tarde pasa
sin invitarme a beber de sus aguas,
otra vez el cielo desaparece
tras el velo de la lluvia,
y el silencio azul de los espejos
se niega a revelar el secreto de los rostros,
otra vez el recuerdo del hermano muerto
es un fantasma acechando cada sueño,
y la tarde un río cuyas aguas fluyen
hacia el mar oculto de las sombras.

Sutileza

Me gusta cuando a veces tu nombre
es un rumor que arrastra la voz del río,
el fresco tañido de la gota de lluvia
que despierta las dormidas raíces del almendro,
o el gemir de la escarcha que se quiebra
bajo la tímida calidez del sol al amanecer.

Tal vez

Tal vez no queda nada que decir,
tal vez debemos irnos al país sin memoria
donde huyeron las horas
dispersas como puñados de arena.

Tal vez los espejos ya no guardan
el recuerdo de los rostros,
tal vez en las tardes la oscuridad se cierne
sobre las avenidas y los pasos al hogar
se apresuran porque siempre alguien espera
como las estatuas alguna vez terminar su ademán.

Tal vez no hay principio ni término,
sino solo viajeros de costa a costa
en buses que atraviesan las noches
entre un rumor de vidas pasajeras.

Nostalgias

Las manos del invierno
remecen las últimas hojas.
Pasos apresurados rompen
los leves espejos de las charcas,
espejos donde el cielo contempla
con tedio su eterna imagen.

Huyendo de los fantasmas del ocaso,
el viento se obstina en entrar a las casas,
pero las ventanas ignoran
su voz de labios entumecidos.

La guerra de la lluvia con el tejado
llena de estruendos la noche,
y el calor del vino
nos recuerda los primeros besos,
historias de un tiempo perdido
hace ya demasiados inviernos.

Conciencia de los días

No necesito decirte
que los astros mueren cada noche
para nacer de nuevo en el canto de los gallos,
que el cielo desaparece tras la niebla,
que hay un camino donde está marcada
únicamente tu huella.

No necesito decirte
que siempre hay una ventana abierta
para dar paso a la última luz del atardecer,
que las hojas en el fondo del pozo
son el rostro reflejado del otoño,
que no pueden saciarnos los frutos
codiciados en el hambre del instante.

No necesito decirte
que los años son trenes que se marchan
hacia los lejanos pueblos de la memoria,
y que las flores están unidas a los muertos
por el universal lenguaje del silencio.

Promesa

Aunque no tenga nada que decir,
te prometo que un día
nos sentaremos juntos
a ver el aleteo dorado
de las hojas del álamo
que se agitan despidiendo la primavera.

Acontecer

De nuevo tu sombra desaparece
como el guijarro en el fondo del pozo,
de nuevo el cielo recupera su rostro
tras el paso de las lluvias,
y yo recupero sorpresivamente tu mirada
perdida como viejos muebles en el desván.

Hábitos

Mira los geranios florecer
como palabras en un poema,

mira los rayos de sol invadir
la penumbra de las habitaciones.

Te gusta imaginar viajes
que terminan en ninguna parte,

escancias de a poco el vino
en la calma del sagrado ritual.

Te gusta contemplar los árboles
que cuentan en silencio las edades de la tierra,

yacer en el lecho de hojas secas
donde aún encuentra consuelo el árbol derribado.

Versos y estaciones

Una ventana a medio abrir es suficiente
para que el viento ronde la casa
llena con el rumor de los años.

He hablado con los árboles
en su lenguaje de raíces.

El peso del cielo abruma los tejados.

Recuerdo tus ojos de resignación
que brillaron bajo las estrellas rojas
de cerezos maduros.
Me pediste que guardara silencio
pues sabías que una despedida auténtica
es aquella donde no decimos nada
para así evitar la inútil confusión de las palabras.

Lo álamos se estremecen
con las enloquecidas ráfagas de mayo.

A nadie esperan en el umbral
de una casa en ruinas.

Por el bosque de aromos
merodean los primeros días de invierno.

Nubes peregrinas desgarran
la gigantesca claridad de los cielos.

La sirena del mediodía
es un dios lobo que conjura
una ceremonia de aullidos.

He conocido un lugar
donde terminan los caminos,
una isla donde el silencio
es un brujo en busca de imbunches.

Anochece, la tarde se deshace
como dientes de león.

Tú desapareces bajo la caída solemne de la lluvia,
tejido deshilachado del cielo
que hace sordo el andar del reloj.

Como un paciente filósofo
la enredadera dibuja
el paso del tiempo sobre los muros.

La niebla nos hace olvidar
el nombre de las cosas.

La paciencia es un obsequio, me decías,
en tardes de octubre
bajo la barba de los sauces llorones.

La comunidad de los gorriones
se reúne junto al estero pobre del verano.

En las colinas se alza la casa de piedra
donde el eco apacigua su propia voz.

¿Has rondado alguna vez
la eternidad de las malezas?

¿Has escuchado el alba susurrar
como las doradas leyendas
entre las cúpulas y las lluvias?

Recuerda las impasibles alamedas de otoño
donde los árboles ignoraban el raído clamor de las hojas.

Recuerda que siempre podemos compartir
las sombras solitarias bajo el puente de madera,
la casa en ruinas cuya historia inventamos,
la copa de vino a medio vaciar,
el desfile honorable del alba
ante el canto primitivo de los gallos.

Consejos de una noche de otoño

Apaga todas las luces
para que la noche descubra
su verdadero rostro.

Deja una ventana abierta
para que el viento corra
como un niño a través de la casa.

Pero junta las persianas,
para que la muerte
ya no pueda volver a espiarnos.

Testimonio

Un concilio de zorzales desperezа la tarde,
despierta de su sueño inexacto al crepúsculo.
En el patio el tedio abruma los muros,
el aire apenas murmura
y la memoria enciende su luminaria
fantasmal, su testamento de ayeres,
aquí, ahora que el día desfallece.

Fugaz

El viento de pronto intenta apagar
las antorchas de aromos florecidos.
El aliento del amanecer es una lámpara ciega
cuya luz se ha perdido en las noches de antaño.

Una luz que fue como tu rostro:
un resplandor momentáneo
en el ventanal de la casa abandonada,
una espiga madurando en la conciencia del trigal,
una luciérnaga que vimos desaparecer en la oscuridad
con el temor de jamás volver a encontrarla.

Declaración

Antigua benefactora de mis delirios,
yo quise abrazarte
y terminé despedazado
en el fondo de los días.

Si insistes en que pronuncie
alguna especie de juramento,
solamente diré: tal vez estamos solos
como el juguete roto
que un niño dejó en el patio
junto a su infancia oxidándose en la maleza.

Mientras la tarde se desgarra,
cuando el crepúsculo anuncia
el exilio de los pájaros,
te extraño porque sí,
porque la memoria insiste
como un liquen aferrado
al torso de las piedras.

Utopía

Te escribo desde la caverna
platónica del absurdo,
de este vacío que intentan
llenar palabras,
símbolos de siglos en la memoria
suspendida de los témpanos.

Pero tú solo comprendes
el aullido del lobo
que la luna desprecia
como el tiempo
nuestros sueños inmortales.

Tú solo comprendes
el gorjear de pájaros
a la salida del sol,
el rumor de las mareas
que un viejo dios agita por capricho.

Solo comprendes
el efímero brote de los geranios,
el titubeo del viento
antes de remover las últimas hojas.

Tendencia

De nuevo el viento cierra las puertas
empecinado en quedarse solo en los cuartos.

El viento, es el viento que desordena
la cabellera de los siglos
cuando se rompen las crisálidas
y pasan aullando las horas postergadas.

Tú escribes obituarios o palabras
que duelen antes de pronunciarse.

Pero hoy te digo que olvides
las rutas conocidas del sosiego
y que no cometas el error de Orfeo
de mirar atrás,
pues iremos tan lejos
que nos adelantaremos a la causalidad
y los hechos ocurrirán antes que los motivos.

Tú que permanecerás dormida
en las corrientes abisales
como el detritus de dioses condenados,
nosotros que seremos otro engrane
en la trama de la materia
con el sol reverberando
en las orillas de un sueño irrescatable.

La arenga esperada

Dime que este es el último adiós
para que mi voz proscrita
ya no intente pronunciar
la tragedia de tu nombre.

Dime que el alba extiende
sus puñales de luz
sobre el cuerpo de la noche
y que su herida remece
la conciencia de los días.

Dime que entre nosotros
la distancia es suficiente
para separar un pensamiento
que nos une
como eslabones templados
en el fuego originario.

Dime que la lluvia es suficiente
para saciar la sed de los queltehues
cuyo vuelo guía la ciega marcha de las nubes,
y que estos versos son el auge de la llama
antes del silencio en la ceniza.

ÍNDICE

Decadencia 9
Audacia 10
Otros días 11
Las hojas 12
Recelo 13
Atardecer 14
Expectativa 15
Eventualidad 16
Revelación 17
Travesía 18
Nubes 19
Contemplaciones 20
Consideración 21
La hoja arrancada 22
Fortuna 23
Quietud 24
La carta que me envías 25
Melancolía 26
Sutileza 27
Tal vez 28
Nostalgias 29
Conciencia de los días 30
Promesa 31
Acontecer 32
Hábitos 33
Versos y estaciones 34
Consejos de una noche de otoño 37

Testimonio 38
Fugaz 39
Declaración 40
Utopía 41
Tendencia 42
La arenga esperada 43

*Este libro se terminó de editar en Granada
en mayo de 2024 por*

www.aversopoesia.com
hola@aversopoesia.com